Bryn Mawr Greek Commentaries

XENOPHON'S
APOLOGY OF SOCRATES

David Konstan

Thomas Library, Bryn Mawr College
Bryn Mawr, Pennsylvania

Copyright ©1987 by Bryn Mawr Commentaries

Manufactured in the United States of America
ISBN 0-929524-36-5
Printed and distributed by
Bryn Mawr Commentaries
Thomas Library
Bryn Mawr College
Bryn Mawr, PA 19010

Series Preface

These lexical and grammatical notes are meant not as a full-scale commentary but as a clear and concise aid to the beginning student. The editors have been told to resist their critical impulses and to say only what will help the student read the text. Our commentaries, then, are the beginning of the interpretative process, not the end.

We expect that the student will know the basic Attic declensions and conjugations, basic grammar (the common functions of cases and moods; the common types of clauses and conditions), and how to use a dictionary. In general we have tried to avoid duplication of material easily extractable from the lexicon, but we have included help with odd verb forms, and, recognizing that endless page-flipping can be counter-productive, we have provided the occasional bonus of assistance with uncommon vocabulary. The bibliography lists a few works that have proved helpful as secondary reading.

The commentaries are based on the Oxford Classical Text unless otherwise noted. Oxford University Press has kindly allowed us to print its edition of the Greek text in cases where we thought it would be particularly beneficial to the student.

Production of these commentaries has been made possible by a generous grant from the Division of Education Programs, the National Endowment for the Humanities.

Copy for this volume was prepared at the University of Calgary, Department of Classics.

> Richard Hamilton, General Editor
> Gregory W. Dickerson, Associate Editor
> Gilbert P. Rose, Associate Editor

Volume Preface

Xenophon's *Apology of Socrates* is a fascinating companion piece to Plato's. It reveals from the pen of one of his contemporaries a conception of Socrates that is quite different from Plato's in tone and in details, although something of the same power and subtlety of Socrates comes through in both versions. Xenophon's style in this work is a trifle pedestrian, but in this respect as well it makes an interesting contrast with the elegant if colloquial version of Plato.

Xenophon was born in Athens around 427 B.C., and as a young man was among the associates of Socrates, concerning whom he has left us a book of *Recollections*, as well as a dialogue (*Oeconomicus*), a *Symposium*, and the *Apology*. He left Athens in 401, served as an officer in a mercenary army in Asia Minor (recounted in his *Anabasis*), and was subsequently exiled, perhaps in the year of Socrates' execution. He lived for a while in Sparta, then at Scillus near Olympia; toward the end of his life, his exile was rescinded, and he spent his last decade in Athens. He died around 354.

Xenophon was the author of numerous and varied works, historical, political, and technical (e.g. on horsemanship and hunting), as well as a historical novel on the life of Persian king Cyrus the Great. His views are perhaps best described as those of the conservative Athenian gentry. His style is normally lucid and pleasing, although the *Apology* shows signs of compression, and in places overlaps with passages in the *Recollections*, which suggests that it may have been hastily composed, or perhaps not revised for publication.

David Konstan
Brown University
August, 1987

ΞΕΝΟΦΩΝΤΟΣ

ΑΠΟΛΟΓΙΑ ΣΩΚΡΑΤΟΥΣ

[ΠΡΟΣ ΤΟΥΣ ΔΙΚΑΣΤΑΣ]

Σωκράτους δὲ ἄξιόν μοι δοκεῖ εἶναι μεμνῆσθαι καὶ ὡς 1 ἐπειδὴ ἐκλήθη εἰς τὴν δίκην ἐβουλεύσατο περί τε τῆς ἀπολογίας καὶ τῆς τελευτῆς τοῦ βίου. γεγράφασι μὲν οὖν περὶ τούτου καὶ ἄλλοι καὶ πάντες ἔτυχον τῆς μεγαληγορίας αὐτοῦ· ᾧ καὶ δῆλον ὅτι τῷ ὄντι οὕτως ἐρρήθη ὑπὸ Σωκράτους. ἀλλ' ὅτι ἤδη ἑαυτῷ ἡγεῖτο αἱρετώτερον εἶναι τοῦ βίου θάνατον, τοῦτο οὐ διεσαφήνισαν· ὥστε ἀφρονεστέρα αὐτοῦ φαίνεται εἶναι ἡ μεγαληγορία. Ἑρμογένης μέντοι ὁ Ἱππο- 2 νίκου ἑταῖρός τε ἦν αὐτῷ καὶ ἐξήγγειλε περὶ αὐτοῦ τοιαῦτα ὥστε πρέπουσαν φαίνεσθαι τὴν μεγαληγορίαν αὐτοῦ τῇ διανοίᾳ. ἐκεῖνος γὰρ ἔφη ὁρῶν αὐτὸν περὶ πάντων μᾶλλον διαλεγόμενον ἢ περὶ τῆς δίκης εἰπεῖν· Οὐκ ἐχρῆν μέντοι 3 σκοπεῖν, ὦ Σώκρατες, καὶ ὅ τι ἀπολογήσῃ; τὸν δὲ τὸ μὲν πρῶτον ἀποκρίνασθαι· Οὐ γὰρ δοκῶ σοι ἀπολογεῖσθαι μελετῶν διαβεβιωκέναι; ἐπεὶ δ' αὐτὸν ἐρέσθαι· Πῶς; Ὅτι οὐδὲν ἄδικον διαγεγένημαι ποιῶν· ἥνπερ νομίζω μελέτην εἶναι καλλίστην ἀπολογίας. ἐπεὶ δὲ αὐτὸν πάλιν λέγειν· Οὐχ ὁρᾷς 4 τὰ Ἀθηναίων δικαστήρια ὡς πολλάκις μὲν οὐδὲν ἀδικοῦντας λόγῳ παραχθέντες ἀπέκτειναν, πολλάκις δὲ ἀδικοῦντας ἢ ἐκ

In tit. πρὸς τοὺς δικαστάς om. Stob. et Diog. Laert. ii. 57 Demetrium Magneta citans   3 οὖν om. A   4 post πάντες fort. θαυμάζοντες vel simile quid excidit   13 καὶ ὅ τι] ὅ τι καὶ Schneider   15 ἐπεὶ Dind. : ἔπειτα codd.   αὐτὸς cit. Schenkl   ὅτι om. Harl.
17 αὐτὸς cit. Schenkl

ΞΕΝΟΦΩΝΤΟΣ

τοῦ λόγου οἰκτίσαντες ἢ ἐπιχαρίτως εἰπόντας ἀπέλυσαν;
Ἀλλὰ ναὶ μὰ Δία, φάναι αὐτόν, καὶ δὶς ἤδη ἐπιχειρήσαντός
μου σκοπεῖν περὶ τῆς ἀπολογίας ἐναντιοῦταί μοι τὸ δαιμόνιον.
5 ὡς δὲ αὐτὸν εἰπεῖν· Θαυμαστὰ λέγεις, τὸν δ᾽ αὖ ἀποκρί-
νασθαι· Ἡ θαυμαστὸν νομίζεις εἰ καὶ τῷ θεῷ δοκεῖ ἐμὲ 5
βέλτιον εἶναι ἤδη τελευτᾶν; οὐκ οἶσθα ὅτι μέχρι μὲν τοῦδε
οὐδενὶ ἀνθρώπων ὑφείμην ⟨ἂν⟩ βέλτιον ἐμοῦ βεβιωκέναι;
ὅπερ γὰρ ἥδιστόν ἐστιν, ᾔδειν ὁσίως μοι καὶ δικαίως ἅπαντα
τὸν βίον βεβιωμένον· ὥστε ἰσχυρῶς ἀγάμενος ἐμαυτὸν ταὐτὰ
ηὕρισκον καὶ τοὺς ἐμοὶ συγγιγνομένους γιγνώσκοντας περὶ 10
6 ἐμοῦ. νῦν δὲ εἰ ἔτι προβήσεται ἡ ἡλικία, οἶδ᾽ ὅτι ἀνάγκη
ἔσται τὰ τοῦ γήρως ἐπιτελεῖσθαι καὶ ὁρᾶν τε χεῖρον καὶ
ἀκούειν ἧττον καὶ δυσμαθέστερον εἶναι καὶ ὧν ἔμαθον
ἐπιλησμονέστερον. ἂν δὲ αἰσθάνωμαι χείρων γιγνόμενος
καὶ καταμέμφωμαι ἐμαυτόν, πῶς ἄν, εἰπεῖν, ἐγὼ ἔτι ἂν 15
7 ἡδέως βιοτεύοιμι; ἴσως δέ τοι, φάναι αὐτόν, καὶ ὁ θεὸς δι᾽
εὐμένειαν προξενεῖ μοι οὐ μόνον τὸ ἐν καιρῷ τῆς ἡλικίας
καταλῦσαι τὸν βίον, ἀλλὰ καὶ τὸ ᾗ ῥᾷστα. ἂν γὰρ νῦν
κατακριθῇ μου, δῆλον ὅτι ἐξέσται μοι τῇ τελευτῇ χρῆσθαι
ἣ ῥᾴστη μὲν ὑπὸ τῶν τούτου ἐπιμεληθέντων κέκριται, ἀπρα- 20
γμονεστάτη δὲ τοῖς φίλοις, πλεῖστον δὲ πόθον ἐμποιοῦσα τῶν
τελευτώντων. ὅταν γὰρ ἄσχημον μὲν μηδὲν μηδὲ δυσχερὲς
ἐν ταῖς γνώμαις τῶν παρόντων καταλείπηταί ⟨τις⟩, ὑγιὲς δὲ
τὸ σῶμα ἔχων καὶ τὴν ψυχὴν δυναμένην φιλοφρονεῖσθαι
ἀπομαραίνηται, πῶς οὐκ ἀνάγκη τοῦτον ποθεινὸν εἶναι; 25
8 ὀρθῶς δὲ οἱ θεοὶ τότε μου ἠναντιοῦντο, φάναι αὐτόν, τῇ
τοῦ λόγου ἐπισκέψει ὅτε ἐδόκει ἡμῖν ζητητέα εἶναι ἐκ παντὸς

---

4 αὐτὸς cit. Schenkl   λέγεις] λέγειν Reuchlin   5 ἦ] εἰ B Harl.   7 ἂν add. Schneider coll. Com. 4. 8, 6   8 μοι Reuchlin : μὲν codd.   9 ταῦτα Harl.   12 ἐπιτελεῖσθαι Com. 4. 8, 8 : ἀπολεῖσθαι Harl. : ἀποτελεῖσθαι codd. : fort. ἀποτελέσαι   17 τὸ om. Harl.   21 τῶν τελευτῶν codd. (τῶν om. Harl.) : τῷ τελευτῶντι A₂ : τοῦ τελευτῶντος Gesner   23 καταλίπηται codd. : corr. Stephanus   τις add. Schenkl   26 μου Reuchlin : μὲν codd. : μοι cit. Schenkl   27 ἡμῖν] ὑμῖν Weiske

ΑΠΟΛΟΓΙΑ ΣΩΚΡΑΤΟΥΣ

τρόπου τὰ ἀποφευκτικά. εἰ γὰρ τοῦτο διεπραξάμην, δῆλον ὅτι ἡτοιμασάμην ἂν ἀντὶ τοῦ ἤδη λῆξαι τοῦ βίου ἢ νόσοις ἀλγυνόμενος τελευτῆσαι ἢ γήρᾳ, εἰς ὃ πάντα τὰ χαλεπὰ συρρεῖ καὶ μάλα ἔρημα τῶν εὐφροσυνῶν. μὰ Δί', εἰπεῖν 9
5 αὐτόν, ὦ Ἑρμόγενες, ἐγὼ ταῦτα οὐδὲ προθυμήσομαι, ἀλλ' ὅσων νομίζω τετυχηκέναι καλῶν καὶ παρὰ θεῶν καὶ παρ' ἀνθρώπων, καὶ ἣν ἐγὼ δόξαν ἔχω περὶ ἐμαυτοῦ, ταύτην ἀναφαίνων εἰ βαρυνῶ τοὺς δικαστάς, αἱρήσομαι τελευτᾶν μᾶλλον ἢ ἀνελευθέρως τὸ ζῆν ἔτι προσαιτῶν κερδᾶναι τὸν
10 πολὺ χείρω βίον ἀντὶ θανάτου. οὕτως δὲ γνόντα αὐτὸν ἔφη 10 [εἰπεῖν], ἐπειδὴ κατηγόρησαν αὐτοῦ οἱ ἀντίδικοι ὡς οὓς μὲν ἡ πόλις νομίζει θεοὺς οὐ νομίζοι, ἕτερα δὲ καινὰ δαιμόνια εἰσφέροι καὶ τοὺς νέους διαφθείροι, παρελθόντα εἰπεῖν· Ἀλλ' 11 ἐγώ, ὦ ἄνδρες, τοῦτο μὲν πρῶτον θαυμάζω Μελήτου, ὅτῳ
15 ποτὲ γνοὺς λέγει ὡς ἐγὼ οὓς ἡ πόλις νομίζει θεοὺς οὐ νομίζω· ἐπεὶ θύοντά γέ με ἐν ταῖς κοιναῖς ἑορταῖς καὶ ἐπὶ τῶν δημοσίων βωμῶν καὶ οἱ ἄλλοι οἱ παρατυγχάνοντες ἑώρων καὶ αὐτὸς Μέλητος, εἰ ἐβούλετο. καινά γε μὴν 12 δαιμόνια πῶς ἂν ἐγὼ εἰσφέροιμι λέγων ὅτι θεοῦ μοι φωνὴ
20 φαίνεται σημαίνουσα ὅ τι χρὴ ποιεῖν; καὶ γὰρ οἱ φθόγγοις οἰωνῶν καὶ οἱ φήμαις ἀνθρώπων χρώμενοι φωναῖς δήπου τεκμαίρονται. βροντὰς δὲ ἀμφιλέξει τις ἢ μὴ φωνεῖν ἢ μὴ μέγιστον οἰωνιστήριον εἶναι; ἡ δὲ Πυθοῖ ἐν τῷ τρίποδι ἱέρεια οὐ καὶ αὐτὴ φωνῇ τὰ παρὰ τοῦ θεοῦ διαγγέλλει; ἀλλὰ 13
25 μέντοι καὶ τὸ προειδέναι γε τὸν θεὸν τὸ μέλλον καὶ τὸ προσημαίνειν ᾧ βούλεται, καὶ τοῦτο, ὥσπερ ἐγώ φημι, οὕτω πάντες καὶ λέγουσι καὶ νομίζουσιν. ἀλλ' οἱ μὲν οἰωνούς τε

---

4 ἔρημον cit. Schneider 6 ὅσον Harl. 7 ταύτην] ταῦτ' Hirschig 8 βαρυνῶ Hirschig : βαρύνω codd. : ταῦτ' ἦν ἀναφαίνων [εἰ] βαρύνω conicio 10 οὕτω A 11 εἰπεῖν del. Leonclavius μὲν ἢ Reuchlin : ἢ μὲν codd. 15 γνοὺς τεκμηρίῳ Cobet coll. *Com.* I. 1, 2 : fort. ὅτῳ ποτὲ τρόπῳ 17 prius οἱ om. B Harl. 18 καὶ] κἂν Richards 19 μοι Wyttenbach : μου codd. 22 τεκμαίρωνται codd. : corr. Reuchlin βροντὰς Gesner : βρονταῖς codd. 23 ἢ] εἰ A B₁ 25 prius καὶ om. B₁

καὶ φήμας καὶ συμβόλους τε καὶ μάντεις ὀνομάζουσι τοὺς προσημαίνοντας εἶναι, ἐγὼ δὲ τοῦτο δαιμόνιον καλῶ, καὶ οἶμαι οὕτως ὀνομάζων καὶ ἀληθέστερα καὶ ὁσιώτερα λέγειν τῶν τοῖς ὄρνισιν ἀνατιθέντων τὴν τῶν θεῶν δύναμιν. ὥς γε μὴν οὐ ψεύδομαι κατὰ τοῦ θεοῦ καὶ τοῦτ᾽ ἔχω τεκμήριον· καὶ γὰρ τῶν φίλων πολλοῖς δὴ ἐξαγγείλας τὰ τοῦ θεοῦ
14 συμβουλεύματα οὐδεπώποτε ψευσάμενος ἐφάνην. ἐπεὶ δὲ ταῦτα ἀκούοντες οἱ δικασταὶ ἐθορύβουν, οἱ μὲν ἀπιστοῦντες τοῖς λεγομένοις, οἱ δὲ καὶ φθονοῦντες, εἰ καὶ παρὰ θεῶν μειζόνων ἢ αὐτοὶ τυγχάνοι, πάλιν εἰπεῖν τὸν Σωκράτην· Ἄγε δὴ ἀκούσατε καὶ ἄλλα, ἵνα ἔτι μᾶλλον οἱ βουλόμενοι ὑμῶν ἀπιστῶσι τῷ ἐμὲ τετιμῆσθαι ὑπὸ δαιμόνων. Χαιρεφῶντος γάρ ποτε ἐπερωτῶντος ἐν Δελφοῖς περὶ ἐμοῦ πολλῶν παρόντων ἀνεῖλεν ὁ Ἀπόλλων μηδένα εἶναι ἀνθρώπων ἐμοῦ μήτε ἐλευθεριώτερον μήτε δικαιότερον μήτε σωφρονέστερον.
15 ὡς δ᾽ αὖ ταῦτ᾽ ἀκούσαντες οἱ δικασταὶ ἔτι μᾶλλον εἰκότως ἐθορύβουν, αὖθις εἰπεῖν τὸν Σωκράτην· Ἀλλὰ μείζω μέν, ὦ ἄνδρες, εἶπεν ὁ θεὸς ἐν χρησμοῖς περὶ Λυκούργου τοῦ Λακεδαιμονίοις νομοθετήσαντος ἢ περὶ ἐμοῦ. λέγεται γὰρ εἰς τὸν ναὸν εἰσιόντα προσειπεῖν αὐτόν· Φροντίζω πότερα θεόν σε εἴπω ἢ ἄνθρωπον. ἐμὲ δὲ θεῷ μὲν οὐκ εἴκασεν, ἀνθρώπων δὲ πολλῷ προέκρινεν ὑπερφέρειν. ὅμως δὲ ὑμεῖς μηδὲ ταῦτ᾽ εἰκῇ πιστεύσητε τῷ θεῷ, ἀλλὰ καθ᾽ ἓν ἕκαστον ἐπισκοπεῖτε
16 ὧν εἶπεν ὁ θεός. τίνα μὲν γὰρ ἐπίστασθε ἧττον ἐμοῦ δουλεύοντα ταῖς τοῦ σώματος ἐπιθυμίαις; τίνα δὲ ἀνθρώπων ἐλευθεριώτερον, ὃς παρ᾽ οὐδενὸς οὔτε δῶρα οὔτε μισθὸν δέχομαι; δικαιότερον δὲ τίνα ἂν εἰκότως νομίσαιτε τοῦ πρὸς τὰ παρόντα συνηρμοσμένου, ὡς τῶν ἀλλοτρίων μηδενὸς προσδεῖσθαι; σοφὸν δὲ πῶς οὐκ ἄν τις εἰκότως ἄνδρα φήσειεν

---

1 ὀνομάζουσι] νομίζουσι Voigtländer   5 κατά] καὶ τα (sic) Harl.
8 ταῦτ᾽ A   9 εἰ καὶ] εἴ τις Cobet   13 ἐπερωτήσαντος Ath. v. 218
17 ἐθορύβουν εἰκότως Reuchlin   ἀλλὰ Harl.: ἄλλα cet.   22 πολλῷ A : πολλῶν B Harl.   24 γὰρ om. Harl. in fine versus   27 νομίσητε vel νομίσειτε codd. : corr. Schäfer   post τοῦ add. οὕτω Cobet

ΑΠΟΛΟΓΙΑ ΣΩΚΡΑΤΟΥΣ

εἶναι ὃς ἐξ ὅτουπερ ξυνιέναι τὰ λεγόμενα ἠρξάμην οὐπώποτε
διέλειπον καὶ ζητῶν καὶ μανθάνων ὅ τι ἐδυνάμην ἀγαθόν; ὡς 17
δὲ οὐ μάτην ἐπόνουν οὐ δοκεῖ ὑμῖν καὶ τάδε τεκμήρια εἶναι,
τὸ πολλοὺς μὲν πολίτας τῶν ἀρετῆς ἐφιεμένων, πολλοὺς δὲ
5 ξένων, ἐκ πάντων προαιρεῖσθαι ἐμοὶ ξυνεῖναι; ἐκείνου δὲ τί
φήσομεν αἴτιον εἶναι, τοῦ πάντας εἰδέναι ὅτι ἐγὼ ἥκιστ᾽
ἂν ἔχοιμι χρήματα ἀντιδιδόναι, ὅμως πολλοὺς ἐπιθυμεῖν ἐμοί
τι δωρεῖσθαι; τὸ δ᾽ ἐμὲ μὲν μηδ᾽ ὑφ᾽ ἑνὸς ἀπαιτεῖσθαι
εὐεργεσίας, ἐμοὶ δὲ πολλοὺς ὁμολογεῖν χάριτας ὀφείλειν;
10 τὸ δ᾽ ἐν τῇ πολιορκίᾳ τοὺς μὲν ἄλλους οἰκτίρειν ἑαυτούς, 18
ἐμὲ δὲ μηδὲν ἀπορώτερον διάγειν ἢ ὅτε τὰ μάλιστα ἡ πόλις
ηὐδαιμόνει; τὸ δὲ τοὺς ἄλλους μὲν τὰς εὐπαθείας ἐκ τῆς
ἀγορᾶς πολυτελεῖς πορίζεσθαι, ἐμὲ δὲ ἐκ τῆς ψυχῆς ἄνευ
δαπάνης ἡδίους ἐκείνων μηχανᾶσθαι; εἴ γε μὴν ὅσα εἴρηκα
15 περὶ ἐμαυτοῦ μηδεὶς δύναιτ᾽ ἂν ἐξελέγξαι με ὡς ψεύδομαι,
πῶς οὐκ ἂν ἤδη δικαίως καὶ ὑπὸ θεῶν καὶ ὑπ᾽ ἀνθρώπων
ἐπαινοίμην; ἀλλ᾽ ὅμως σύ με φῄς, ὦ Μέλητε, τοιαῦτα 19
ἐπιτηδεύοντα τοὺς νέους διαφθείρειν; καίτοι ἐπιστάμεθα
μὲν δήπου τίνες εἰσὶ νέων διαφθοραί· σὺ δὲ εἰπὲ εἴ τινα
20 οἶσθα ὑπ᾽ ἐμοῦ γεγενημένον ἢ ἐξ εὐσεβοῦς ἀνόσιον ἢ ἐκ
σώφρονος ὑβριστὴν ἢ ἐξ εὐδιαίτου πολυδάπανον ἢ [ὡς] ἐκ
μετριοπότου οἰνόφλυγα ἢ ἐκ φιλοπόνου μαλακὸν ἢ ἄλλης
πονηρᾶς ἡδονῆς ἡττημένον. Ἀλλὰ ναὶ μὰ Δί᾽, ἔφη ὁ Μέ- 20
λητος, ἐκείνους οἶδα οὓς σὺ πέπεικας σοὶ πείθεσθαι μᾶλλον
25 ἢ τοῖς γειναμένοις. Ὁμολογῶ, φάναι τὸν Σωκράτην, περί
γε παιδείας· τοῦτο γὰρ ἴσασιν ἐμοὶ μεμεληκός. περὶ δὲ
ὑγιείας τοῖς ἰατροῖς μᾶλλον οἱ ἄνθρωποι πείθονται ἢ τοῖς
γονεῦσι· καὶ ἐν ταῖς ἐκκλησίαις γε πάντες δήπου οἱ Ἀθηναῖοι
τοῖς φρονιμώτατα λέγουσι πείθονται μᾶλλον ἢ τοῖς προσ-
30 ήκουσιν. οὐ γὰρ δὴ καὶ στρατηγοὺς αἱρεῖσθε καὶ πρὸ πατέρων

---

6 post πάντας add. μὲν et 7 post ὅμως add. δὲ Schneider   ἥκιστ᾽
ἂν Bornemann: ἥκιστα codd.   9 εὐεργεσίαν Stephanus   12 εὐ-
δαιμόνει A: εὐδαιμονεῖ cet.   21 ὡς del. Gesner   25 σωκράτη B
28 πάντως οἱ ἀθηναῖοι πάντες δήπου Reuchlin

καὶ πρὸ ἀδελφῶν, καὶ ναὶ μὰ Δία γε ὑμεῖς πρὸ ὑμῶν αὐτῶν, οὓς ἂν ἡγῆσθε περὶ τῶν πολεμικῶν φρονιμωτάτους εἶναι; Οὕτω γάρ, φάναι τὸν Μέλητον, ὦ Σώκρατες, καὶ συμφέρει 21 καὶ νομίζεται. Οὐκοῦν, εἰπεῖν τὸν Σωκράτην, θαυμαστὸν καὶ τοῦτό σοι δοκεῖ εἶναι, τὸ ἐν μὲν ταῖς ἄλλαις πράξεσι μὴ μόνον 5 ἰσομοιρίας τυγχάνειν τοὺς κρατίστους, ἀλλὰ καὶ προτετιμῆσθαι, ἐμὲ δέ, (ὅτι) περὶ τοῦ μεγίστου ἀγαθοῦ ἀνθρώποις, περὶ παιδείας, βέλτιστος εἶναι ὑπό τινων προκρίνομαι, τούτου ἕνεκα θανάτου ὑπὸ σοῦ διώκεσθαι;

22 Ἐρρήθη μὲν δῆλον ὅτι τούτων πλείω ὑπό τε αὐτοῦ καὶ 10 τῶν συναγορευόντων φίλων αὐτῷ. ἀλλ᾽ ἐγὼ οὐ τὰ πάντα εἰπεῖν τὰ ἐκ τῆς δίκης ἐσπούδασα, ἀλλ᾽ ἤρκεσέ μοι δηλῶσαι ὅτι Σωκράτης τὸ μὲν μήτε περὶ θεοὺς ἀσεβῆσαι μήτε περὶ 23 ἀνθρώπους ἄδικος φανῆναι περὶ παντὸς ἐποιεῖτο· τὸ δὲ μὴ ἀποθανεῖν οὐκ ᾤετο λιπαρητέον εἶναι, ἀλλὰ καὶ καιρὸν 15 ἤδη ἐνόμιζεν ἑαυτῷ τελευτᾶν. ὅτι δὲ οὕτως ἐγίγνωσκε καταδηλότερον ἐγένετο, ἐπειδὴ καὶ ἡ δίκη κατεψηφίσθη. πρῶτον μὲν γὰρ κελευόμενος ὑποτιμᾶσθαι οὔτε αὐτὸς ὑπετιμήσατο οὔτε τοὺς φίλους εἴασεν, ἀλλὰ καὶ ἔλεγεν ὅτι τὸ ὑποτιμᾶσθαι ὁμολογοῦντος εἴη ἀδικεῖν. ἔπειτα τῶν ἑταίρων 20 ἐκκλέψαι βουλομένων αὐτὸν οὐκ ἐφείπετο, ἀλλὰ καὶ ἐπισκῶψαι ἐδόκει ἐρόμενος εἴ που εἰδεῖέν τι χωρίον ἔξω τῆς Ἀττικῆς ἔνθα οὐ προσβατὸν θανάτῳ.

24 Ὡς δὲ τέλος εἶχεν ἡ δίκη, εἰπεῖν αὐτόν· Ἀλλ᾽, ὦ ἄνδρες, τοὺς μὲν διδάσκοντας τοὺς μάρτυρας ὡς χρὴ 25 ἐπιορκοῦντας καταψευδομαρτυρεῖν ἐμοῦ καὶ τοὺς πειθομένους τούτοις ἀνάγκη ἐστὶ πολλὴν ἑαυτοῖς συνειδέναι ἀσέβειαν καὶ ἀδικίαν· ἐμοὶ δὲ τί προσήκει νῦν μεῖον φρονεῖν ἢ πρὶν κατακριθῆναι, μηδὲν ἐλεγχθέντι ὡς πεποίηκά τι ὧν ἐγράψαντο

---

1 prius πρὸ om. A   2 ἡγεῖσθε codd.   4 σωκράτην Harl.: σωκράτη cet.   7 ὅτι add. Stephanus   13 τὸ Reuchlin: τότε codd.   17 ἐγίγνετο A Harl.   ἐπειδὴ καὶ A₂: ἐπεὶ καὶ cet.   18 αὐτὸς B₂: αὐτῶν B₁: αὐ(ὐ)τὸν cet.   27 πολλὴ B Harl.   29 ἐγράψατο A

ΑΠΟΛΟΓΙΑ ΣΩΚΡΑΤΟΥΣ

με; οὔτε γὰρ ἔγωγε ἀντὶ Διὸς καὶ Ἥρας καὶ τῶν σὺν τούτοις θεῶν οὔτε θύων τισὶ καινοῖς δαίμοσιν οὔτε ὀμνὺς οὔτε νομίζων ἄλλους θεοὺς ἀναπέφηνα. τούς γε μὴν νέους πῶς ἂν δια- φθείροιμι, καρτερίαν καὶ εὐτέλειαν προσεθίζων; ἐφ᾽ οἷς γε
5 μὴν ἔργοις κεῖται θάνατος ἡ ζημία, ἱεροσυλίᾳ, τοιχωρυχίᾳ, ἀνδραποδίσει, πόλεως προδοσίᾳ, οὐδ᾽ αὐτοὶ οἱ ἀντίδικοι τούτων πρᾶξαί τι κατ᾽ ἐμοῦ φασιν. ὥστε θαυμαστὸν ἔμοιγε δοκεῖ εἶναι ὅπως ποτὲ ἐφάνη ὑμῖν τοῦ θανάτου ἔργον ἄξιον ἐμοὶ εἰργασμένον. ἀλλ᾽ οὐδὲ μέντοι ὅτι ἀδίκως ἀποθνῄσκω,
10 διὰ τοῦτο μεῖον φρονητέον· οὐ γὰρ ἐμοὶ ἀλλὰ τοῖς καταγνοῦσι τοῦτο αἰσχρόν [γάρ] ἐστι. παραμυθεῖται δ᾽ ἔτι με καὶ Παλαμήδης ὁ παραπλησίως ἐμοὶ τελευτήσας· ἔτι γὰρ καὶ νῦν πολὺ καλλίους ὕμνους παρέχεται Ὀδυσσέως τοῦ ἀδίκως ἀποκτείναντος αὐτόν· οἶδ᾽ ὅτι καὶ ἐμοὶ μαρτυρήσεται ὑπό τε
15 τοῦ ἐπιόντος καὶ ὑπὸ τοῦ παρεληλυθότος χρόνου ὅτι ἠδίκησα μὲν οὐδένα πώποτε οὐδὲ πονηρότερον ἐποίησα, εὐηργέτουν δὲ τοὺς ἐμοὶ διαλεγομένους προῖκα διδάσκων ὅ τι ἐδυνάμην ἀγαθόν. εἰπὼν δὲ ταῦτα μάλα ὁμολογουμένως δὴ τοῖς εἰρημένοις ἀπῄει καὶ ὄμμασι καὶ σχήματι καὶ βαδίσματι
20 φαιδρός. ὡς δὲ ᾔσθετο ἄρα τοὺς παρεπομένους δακρύοντας, Τί τοῦτο; εἰπεῖν αὐτόν, ἢ ἄρτι δακρύετε; οὐ γὰρ πάλαι ἴστε ὅτι ἐξ ὅτουπερ ἐγενόμην κατεψηφισμένος ἦν μου ὑπὸ τῆς φύσεως ὁ θάνατος; ἀλλὰ μέντοι εἰ μὲν ἀγαθῶν ἐπιρρεόντων προαπόλλυμαι, δῆλον ὅτι ἐμοὶ καὶ τοῖς ἐμοῖς εὔνοις λυπη-
25 τέον· εἰ δὲ χαλεπῶν προσδοκωμένων καταλύω τὸν βίον, ἐγὼ μὲν οἶμαι ὡς εὐπραγοῦντος ἐμοῦ πᾶσιν ὑμῖν εὐθυμητέον εἶναι. παρὼν δέ τις Ἀπολλόδωρος, ἐπιθυμητὴς μὲν ὢν ἰσχυρῶς

---

2 νομίζων] ὀνομάζων A Harl.   5 ἱεροσυλίαι, τοιχωρυχίαι, ἀνδραποδίσις, ... προδοσία codd.: corr. Zeune   7 ὥστε om. Stob.
8 εἶναι om. Stob. *Paris.*   ὅπως A (?) et Stob.: ὅπου B Harl.   τοῦ A (?) et Stob.: τὸ τοῦ B Harl.: τοῦ del. Cobet   9 εἰργασμένον Stob.: om. codd.   11 γάρ om. A corr. et Stob.   δ᾽ ἔτι] δέ τί Dind.   18 δὲ] δὴ Stob. om. quod sequitur δὴ   19 σχήματι Stob.: σχήμασι codd.   21 ἢ del. Cobet: ἦ Stephanus   22 ὅτι Stob.: om. codd.   23 ὁ om. B, Stob.   27 ὢν add. Stob.: om. codd.

ΞΕΝΟΦΩΝΤΟΣ

αὑτοῦ, ἄλλως δ' εὐήθης, εἶπεν ἄρα· Ἀλλὰ τοῦτο ἔγωγε, ὦ Σώκρατες, χαλεπώτατα φέρω ὅτι ὁρῶ σε ἀδίκως ἀποθνῄσκοντα. τὸν δὲ λέγεται καταψήσαντα αὐτοῦ τὴν κεφαλὴν εἰπεῖν· Σὺ δέ, ὦ φίλτατε Ἀπολλόδωρε, μᾶλλον ἐβούλου με ὁρᾶν δικαίως [ἢ ἀδίκως] ἀποθνῄσκοντα; καὶ ἅμα ἐπιγελάσαι. λέγεται δὲ καὶ Ἄνυτον παριόντα ἰδὼν εἰπεῖν· Ἀλλ' ὁ μὲν ἀνὴρ ὅδε κυδρός, ὡς μέγα τι καὶ καλὸν διαπεπραγμένος, εἰ ἀπέκτονέ με, ὅτι αὐτὸν τῶν μεγίστων ὑπὸ τῆς πόλεως ὁρῶν ἀξιούμενον οὐκ ἔφην χρῆναι τὸν υἱὸν περὶ βύρσας παιδεύειν. ὡς μοχθηρὸς οὗτος, ἔφη, ὃς οὐκ ἔοικεν εἰδέναι ὅτι ὁπότερος ἡμῶν καὶ συμφορώτερα καὶ καλλίω εἰς τὸν ἀεὶ χρόνον διαπέπρακται, οὗτός ἐστι καὶ ὁ νικῶν. ἀλλὰ μέντοι, φάναι αὐτόν, ἀνέθηκε μὲν καὶ Ὅμηρος ἔστιν οἷς τῶν ἐν καταλύσει τοῦ βίου προγιγνώσκειν τὰ μέλλοντα, βούλομαι δὲ καὶ ἐγὼ χρησμῳδῆσαί τι. συνεγενόμην γάρ ποτε βραχέα τῷ Ἀνύτου υἱῷ, καὶ ἔδοξέ μοι οὐκ ἄρρωστος τὴν ψυχὴν εἶναι· ὥστε φημὶ αὐτὸν ἐπὶ τῇ δουλοπρεπεῖ διατριβῇ ἣν ὁ πατὴρ αὐτῷ παρεσκεύακεν οὐ διαμενεῖν· διὰ δὲ τὸ μηδένα ἔχειν σπουδαῖον ἐπιμελητὴν προσπεσεῖσθαί τινι αἰσχρᾷ ἐπιθυμίᾳ, καὶ προβήσεσθαι μέντοι πόρρω μοχθηρίας. ταῦτα δ' εἰπὼν οὐκ ἐψεύσατο, ἀλλ' ὁ νεανίσκος ἡσθεὶς οἴνῳ οὔτε νυκτὸς οὔτε ἡμέρας ἐπαύετο πίνων, καὶ τέλος οὔτε τῇ ἑαυτοῦ πόλει οὔτε τοῖς φίλοις οὔτε αὑτῷ ἄξιος οὐδενὸς ἐγένετο. Ἄνυτος μὲν δὴ διὰ τὴν τοῦ υἱοῦ πονηρὰν παιδείαν καὶ διὰ τὴν αὐτοῦ ἀγνωμοσύνην ἔτι καὶ τετελευτηκὼς τυγχάνει κακοδοξίας. Σωκράτης δὲ διὰ τὸ μεγαλύνειν ἑαυτὸν ἐν τῷ δικαστηρίῳ φθόνον ἐπαγόμενος μᾶλλον καταψηφίσασθαι ἑαυτοῦ ἐποίησε τοὺς δικαστάς. ἐμοὶ μὲν οὖν δοκεῖ θεοφιλοῦς

---

1 ἄρα et Ἀλλὰ om. Stob.   2 ὅτι ὁρῶ om. Stob.   4 μᾶλλον Harl. : μᾶλλον ἂν A et Stob. : μάλ' ἂν B   5 ἢ ἀδίκως om. Stob.   7 ὅδε γε Stob.   καὶ om. Harl.   10 ὡς] ὢ Stob.   ὃς Stob. : ὡς codd.   12 ὅτι οὗτος Harl.   ἐστι καὶ] ἐστιν Stob.   23 αὑτῷ codd. : corr. Stephanus   24 Ἄνυτος vertit Aretinus : αὐτὸς codd.   25 αὑτοῦ codd. : corr. Stephanus   27 ἐπαγαγόμενος Cobet

ΑΠΟΛΟΓΙΑ ΣΩΚΡΑΤΟΥΣ

μοίρας τετυχηκέναι· τοῦ μὲν γὰρ βίου τὸ χαλεπώτατον ἀπέλιπε, τῶν δὲ θανάτων τοῦ ῥᾴστου ἔτυχεν. ἐπεδείξατο δὲ τῆς ψυχῆς τὴν ῥώμην· ἐπεὶ γὰρ ἔγνω τοῦ ἔτι ζῆν τὸ τεθνάναι αὑτῷ κρεῖττον εἶναι, ὥσπερ οὐδὲ πρὸς τἆλλα τἀγαθὰ προσάντης ἦν, οὐδὲ πρὸς τὸν θάνατον ἐμαλακίσατο, ἀλλ' ἱλαρῶς καὶ προσεδέχετο αὐτὸν καὶ ἐπετελέσατο. ἐγὼ μὲν δὴ κατανοῶν τοῦ ἀνδρὸς τήν τε σοφίαν καὶ τὴν γενναιότητα οὔτε μὴ μεμνῆσθαι δύναμαι αὐτοῦ οὔτε μεμνημένος μὴ οὐκ ἐπαινεῖν. εἰ δέ τις τῶν ἀρετῆς ἐφιεμένων ὠφελιμωτέρῳ τινὶ Σωκράτους συνεγένετο, ἐκεῖνον ἐγὼ τὸν ἄνδρα ἀξιομακαριστότατον νομίζω.

4 αὐτῷ] αὐτὸ Harl.   πρὸς τἆλλ' ἀγαθὰ Richards   8 post prius μὴ add. οὐ Cobet

Bibliography

General Works on Xenophon

J.K. Anderson, *Xenophon* (New York, 1974).
W.E. Higgins, *Xenophon the Athenian: The Problem of the Individual and the Society of the Polis* (Albany, 1977).

Works on Socrates

A.E. Taylor, *Socrates: The Man and his Thought* (New York, 1953).
Anton-Hermann Chroust, *Socrates, Man and Myth* (London, 1957).
Alban D. Winspear and Tom Silverburg, *Who Was Socrates?* (New York, 1960).
H. Spiegelberg, ed., *The Socratic Enigma* (Indianapolis, 1964).
John Ferguson, *Socrates: A Source Book* (London, 1970).
Gregory Vlastos, ed., *The Philosophy of Socrates* (New York, 1971), esp. G. Vlastos, "Introduction: The Paradox of Socrates."
W.K.C. Guthrie, *Socrates* (London, 1971).
James Beckman, *The Religious Dimension of Socrates' Thought* (Waterloo, Ontario, 1971), esp. ch. 1.1, "Xenophon's Portrait of Socrates: An Overall Evaluation," and ch. 2.5, "Xenophon's Account of the Trial of Socrates."
Mario Montuori, *Socrates: Physiology of a Myth*, trans. J.M.P. and M. Langdale (Amsterdam, 1981 = London Studies in Classical Philology 6), esp. part 2.3, "Plato's Apology and Xenophon's Apology."

Commentary

Abbreviations

S   H.W. Smyth, *Greek Grammar*, revised by G.M. Messing (Cambridge, Mass., 1956)
GP   J.D. Denniston, *The Greek Particles* (Oxford 1954[2])
sc.   scilicet ("understand")
<   "is from"

1. Σωκράτους: genitive with verb of remembering (μεμνῆσθαι < μιμνήσκω), S 1356.
ὡς: "how."
ἐκλήθη: "was summoned" (< καλέω).
δίκην: here = "trial," as in line 12.
μὲν οὖν: transitional, "now then"; μέν is answered by ἀλλά in line 6.
ἔτυχον: τυγχάνω + genitive = "touch upon."
μεγαληγορίας: "arrogance."
ᾧ: "by which"; the antecedent is the preceding sentence.
δῆλον: sc. ἐστί.
τῷ ὄντι: "really, in fact."
ἐρρήθη: used as aorist passive of φημί and λέγω; here impersonal, "it was spoken (i.e., Socrates did speak) in this way (οὕτως)."
ὅτι: looks forward to τοῦτο.
ἤδη: "by then."
αἱρετώτερον: "preferable to" + genitive of comparison.
διεσαφήνισαν < διασαφηνίζω, "make entirely clear."
ἀφρονεστέρα: "rather foolish."

2. ὁ Ἱππονίκου: "the (son) of Hipponicus"; Hermogenes was a member of Socrates' circle, present at Socrates' death (*Phaedo* 59B) and an interlocutor in Plato's *Cratylus*.
πρέπουσαν... τῇ διανοίᾳ: "fitting to, in accord with his intelligence."
ἐκεῖνος: Hermogenes, subject of ἔφη and εἰπεῖν, "said that he said (the following)."
διαλεγόμενον: verbs of perceiving commonly take a supplementary participle.

1

3. οὐκ ἐχρῆν: imperfect (< χρή) indicating unfulfilled obligation (S 1774), i.e., "oughtn't (you)...."
ἀπολογήσῃ: 2nd singular future middle.
τόν: Socrates; the article with δέ in Attic prose has demonstrative force (S 1112).
τὸ... πρῶτον: "at first" (S 1611).
ἀποκρίνασθαι: infinitive in indirect discourse, depending on ἔφη, line 11.
γάρ: in answers with implied assent, "(Why yes), for don't I..." (GP 73).
ἀπολογεῖσθαι: depends on μελετῶν (< μελετάω), "practicing."
διαβεβιωκέναι: depends on δοκῶ; note the force of the perfect, "to have spent my life."
αὐτόν: i.e., Hermogenes (for the case, see S 1974).
ἐρέσθαι: aorist of ἔρομαι, "ask"; an infinitive (+ accusative subject) occasionally occurs in a subordinate clause in indirect discourse, S 2631.
διαγεγένημαι: with supplementary participle (ποιῶν) = "am in a state of having continually (done)," S 2097.
ἥνπερ: the antecedent is the preceding sentence, but the relative pronoun is attracted from the neuter to the gender of the predicate noun, μελέτην ("practice").

4. δικαστήρια: subject of the subordinate clause anticipated as object of the verb in the main clause (S 2182).
παραχθέντες: "led astray," < παράγω; masculine because τὰ δικαστήρια effectively = οἱ δικασταί (S 950).
ἐκ τοῦ λόγου: "as a result of their speeches."
ἐπιχαρίτως: "pleasingly."
ἀλλὰ ναὶ μὰ Δία: "why yes, by Zeus"; in answer to Hermogenes ("But I do see.") For the formula ναὶ μά in affirmative oaths, see S 1596b.
αὐτόν: Socrates.
τὸ δαιμόνιον: the divine spirit that, according to Socrates, opposed him when he contemplated a wrong decision.
ὡς: "when."

5. μέχρι... τοῦδε: "until this (moment)."
ὑφείμην: aorist of ὑφίημι; in middle, "concede to someone (dative) that he (infinitive)...."

< ἄν >: angle brackets enclose the editor's additions to the text (inserted here on the basis of a similar passage in Xenophon's *Memorabilia*); ἄν with aorist indicative = apodosis of unreal condition, "would have (yielded)."
ὅπερ: refers to the following clause.
ᾔδειν: 1st singular pluperfect of οἶδα (+ participle in indirect discourse).
μοι: dative of agent with perfect passive.
ἀγάμενος: "admiring."
ταὐτά = τὰ αὐτά, object of γιγνώσκοντας (here "recognizing").

6. ἡλικία: "age, lifespan."
τὰ τοῦ γήρως: "the (problems) of old age" (τὸ γῆρας).
ἐπιτελεῖσθαι: "be subject to, pay in full."
ὧν = τούτων ἅ; the relative is attracted into the case of the (omitted) antecedent, S 2531a.
ἐπιλησμονέστερον: "more forgetful."
ἄν = ἐάν.
γιγνόμενος: The supplementary participle is nominative when it agrees with the subject of the verb of perceiving.
εἰπεῖν: sc. Σωκράτην.

7. προξενεῖ: "is granting."
τὸ. . . καταλῦσαι: articular infinitive, object of προξενεῖ.
τὸ ᾗ ῥᾷστα: "the easiest way possible." With τό sc. καταλῦσαι τὸν βίον; ᾗ + superlative means "as. . . as possible" (S 1086).
κατακριθῇ: impersonal passive; the object remains in the genitive (μου).
τῶν τούτου ἐπιμεληθέντων: "those who have concerned themselves (< ἐπιμελέομαι) with this matter."
ἀπραγμονεστάτη: "least troublesome."
τῶν τελευτώντων: objective genitive with πόθον.
ἄσχημον. . . δυσχερές: "ugly. . . difficult."
καταλείπηται: middle, "leaves behind."
φιλοφρονεῖσθαι: "be cheerful."
ἀπομαραίνηται: "waste away, die."

8. μου: with ἐπισκέψει, "consideration"; λόγου is objective genitive.
ζητητέα: verbal adjective, "to be sought."

τὰ ἀποφευκτικά: "means of acquittal."
τοῦ... λῆξαι: articular infinitive, "leaving off of, ceasing from " + genitive.
ἀλγυνόμενος: "suffering (from)" + dative (of means).
συρρεῖ: "flow together."
ἔρημα: "barren (of)."

9. μὰ Δί(α): "(no,) by Zeus."
οὐδέ: "nor"; resuming the negative implied in μὰ Δία.
τετυχηκέναι: τυγχάνω + genitive = "obtain."
ὅσων... καλῶν, ἦν... δόξαν: the antecedents (καλῶν, δόξαν) are incorporated into the relative clauses, S 2536-37.
ταύτην: agrees with δόξαν, but sc. also ὅσων... καλῶν.
ἀναφαίνων: "(by) displaying."
βαρυνῶ: "shall annoy" (note accent).
ἀνελευθέρως: i.e., in a manner unbecoming to a free citizen.
τὸ ζῆν ἔτι: with προσαιτῶν.
κερδᾶναι: "gain," aorist infinitive of κερδαίνω, depending on αἱρήσομαι.
χείρω: masculine singular accusative.

10. γνόντα: "having decided."
ἔφη: subject is Hermogenes.
[εἰπεῖν]: Square brackets indicate that in the editor's judgment the word is to be deleted; its occurrence in line 13 makes it redundant here.
ὡς: with κατηγόρησαν, "accused... (charging) that."
νομίζοι: here "believe in," optative in indirect discourse; for the charge, cf. Plato *Apology* 24B.
παρελθόντα: "having come forward."

11. Μελήτου: "about Meletus"; depends on τοῦτο, S 1388. Meletus was a young Athenian who sponsored the accusation against Socrates, though more powerful figures were behind it (cf. Plato *Apology* 18B, 23E).
ὅτῳ ποτὲ γνούς: "having judged on what possible (ποτε) basis"; ὅτῳ is dative of "standard of judgment," S 1512.
γε: intensive, emphasizing preceding word.
ἑώρων: imperfect of ὁράω.

12. γε μήν: progressive, "further" (very common in Xenophon, where it almost = "and," GP 347, 349).

οἱ... χρώμενοι: "those who use" (+ dative); the reference is to prophecy from the cries of birds or from seemingly chance human utterances (φῆμαι).
βροντάς: "thunderclaps."
ἀμφιλέξει: + μή and infinitive = "dispute (that)"; μή is redundant, confirming the negative idea of the main verb, S 2739-40.
οἰωνιστήριον: "omen."
Πυθοῖ: locative, "at Pytho," i.e., Delphi.
ἐν τῷ τρίποδι: The Pythian priestess (ἱέρεια) delivered oracles from a three-legged seat.

13. ἀλλὰ μέντοι: progressive ("furthermore"), introducing a new argument; especially common in Xenophon (GP 411).
τὸ μέλλον: "what is going to be," i.e., "the future."
ᾧ: masculine.
τοῦτο: resumes preceding articular infinitives.
οὕτω: i.e., as an instance of a prophetic voice.
συμβόλους: "signs," to be taken closely (τε καί) with μάντεις, just as οἰωνούς goes closely with φήμας.
εἶναι: pleonastic with ὀνομάζουσι.
τῶν... ἀνατιθέντων: "those who attribute" (genitive of comparison).
κατὰ τοῦ θεοῦ: "against the god."
ἐφάνην: < φαίνω, aorist passive; + participle = "to be seen, be manifest doing x" (+ infinitive = "to seem, appear to be doing x").

14. εἰ καί: "if indeed," GP 303.
μειζόνων: neuter plural object of τυγχάνοι, which is optative in implied indirect discourse after a secondary tense (the time of φθονοῦντες depends on ἐθορύβουν).
ἄγε δή: "come now and..."; introduces (plural) imperative.
ἀνεῖλεν: "answered" (of an oracle), < ἀναιρέω; on the oracle, cf. Plato *Apology* 21A.
μηδένα: μή with the infinitive in indirect discourse is "often found after verbs denoting an oracular response," S 2724.

15. μείζω: neuter plural accusative.
λέγεται: the subject is ὁ θεός, i.e., Apollo.
φροντίζω: "I am considering, wondering."
πότερα = πότερον, "whether."
εἴπω: here "call"; deliberative subjunctive, used when the

speaker asks what to do or say, S 1805.
πολλῷ: dative of degree of difference, "by far."
προέκρινεν: "judged"; the prefix suggests "in (my) favor."
ὑπερφέρειν: "surpass" + genitive.
ταῦτ(α): object of πιστεύσητε signifying the things believed; dative signifies the person believed.
εἰκῇ: "at random, without further ado."
καθ' ἕν: "one by one, individually."
ὧν: see on 6.

16. ὅς... δέχομαι: Note the equation of hired with unfree labor.
συνηρμοσμένου: "adjusted"; perfect passive participle of συναρμόττω.
ὡς = ὥστε, S 2252.
ἐξ ὅτουπερ: "from the very moment when."
ξυνιέναι: "understand" (< συνίημι).
διέλειπον: "ceased" + supplementary participle(s).

17. ἐφιεμένων: < ἐφίημι, middle = "be eager for"; partitive genitive.
ξυνεῖναι: "associate with."
ἐκείνου: looks forward to articular infinitives τοῦ... εἰδέναι... ἐπιθυμεῖν.
ἔχοιμι: ἔχω + infinitive = "be able."
τὸ δ' ἐμὲ... ἀπαιτεῖσθαι: "(the fact that) I am asked for services/favors (εὐεργεσίας)," passive of verb taking two accusative objects; the construction of this and the following articular infinitives reverts to that of τὸ... προαιρεῖσθαι.

18. πολιορκίᾳ: "siege" (of Athens during the Peloponnesian War).
μηδὲν ἀπορώτερον διάγειν: "lived (present infinitive representing imperfect) in no way more at a loss (comparative adverb)."
τὰ μάλιστα: "most, maximally."
εὐπαθείας: "comforts."
πολυτελεῖς: "expensive."
ἡδίους: sc. εὐπαθείας.
ὅσα εἴρηκα: depends on ψεύδομαι, "(that) I am lying about all (*literally* as many things as) I have said."

19. ἐξ εὐσεβοῦς: "from (being) pious."
εὐδιαίτου, πολυδάπανον: "thrifty," "extravagant."

μετριοπότου, οἰνόφλυγα: "moderate drinker," "drunkard."
ἡττημένον: "overpowered by, subject to" + genitive.

20. τοῖς γειναμένοις: "those who begot (them), their parents."
γε: limiting, "at least."
μεμεληκός: "(that this) has always been of concern (to me)."
προσήκουσιν: "relatives."
στρατηγούς: predicate noun, "as generals."
οὓς ἂν ἡγῆσθε: "whomever you believe (to be)."
συμφέρει: "is advantageous."
νομίζεται: "is customary."

21. οὐκοῦν: "therefore," with the emphasis on the logical side of the particle; common in questions, especially in Plato and Xenophon (GP 433.)
ἰσομοιρίας: "equal portion, equality" (genitive).
τούτου ἕνεκα: "because of this," summarizing the ὅτι- clause.
θανάτου: genitive of the penalty, S 1379.
διώκεσθαι: "be prosecuted."

22. ἐρρήθη: the subject is πλείω; note that Xenophon here speaks in his own voice, not that of Hermogenes.
δῆλον ὅτι: "clearly" (S 2585).
ἐκ τῆς δίκης: "(that came) out of the trial."
περὶ παντὸς ἐποιεῖτο: "valued above all else," with the infinitives as object.

23. λιπαρητέον: "(deserving) to be begged for."
ἡ δίκη κατεψηφίσθη: "the (negative) judgment was pronounced, the case was voted against (him)."
ὑποτιμᾶσθαι: "offer a counter-penalty"; after a negative verdict, Attic law permitted the defendant to suggest an alternative penalty to that proposed by the plaintiff.
εἴασεν: < ἐάω, "allow."
ὁμολογοῦντος εἴη ἀδικεῖν: "was (characteristic) of one conceding that he was guilty"; predicate use of the possessive genitive (S 1304).
ἐφείπετο: < ἐφέπομαι, "follow along, comply."
εἰδεῖεν: optative of οἶδα.
προσβατόν: "accessible to"; the construction is impersonal (sc. εἴη).

24. εἰπεῖν αὐτόν: Xenophon is again following the account of Hermogenes.
τοὺς... διδάσκοντας... καὶ τοὺς πειθομένους: subjects of συνειδέναι (depending on ἀνάγκη ἐστί).
ἐπιορκοῦντας: "committing perjury."
καταψευδομαρτυρεῖν: "bear false witness against" + genitive.
ἑαυτοῖς συνειδέναι: "recognize in themselves, be conscious of."
μεῖον φρονεῖν: "think more lowly," i.e., "be more humble."
τι ὧν ἐγράψαντό με: "any of the things for which they indicted me"; ὧν = τούτων ὧν, partitive genitive followed by genitive of the charge or crime, S 1375.
ἀναπέφηνα: intransitive perfect, "appear, be shown to" (+ participle, see on ἐφάνην, 13).

25. εὐτέλειαν: "thrift."
προσεθίζων: "making habitual, inculcating."
ἐφ' οἷς... ἔργοις: for the incorporation of the antecedent, see on ὅσων, 9.
ἱεροσυλίᾳ, τοιχωρυχίᾳ, ἀνδραποδίσει... προδοσίᾳ: "temple-robbing," "burglary," "kidnapping," "betrayal."
πρᾶξαι: infinitive with κατ(ὰ)... φασιν, which almost = κατηγοροῦσιν (+ genitive of person accused).
εἰργασμένον: sc. εἶναι.

26. τοῖς καταγνοῦσι: "those who have passed the sentence" (< καταγιγνώσκω).
παραπλησίως: "very similarly."
παρέχεται: "furnishes material for, is the subject of."
Ὀδυσσέως: genitive of comparison; jealous of his superior intelligence, Odysseus caused the death of Palamedes by pretending he had betrayed the Greeks at Troy.
μαρτυρήσεται: impersonal future middle with passive sense, "witness will be borne."
ἐπιόντος: "future, coming" (< ἐπ-εῖμι).
παρεληλυθότος: < παρέρχομαι, "pass"; those already in the afterlife will also testify to Socrates' good works.
εὐηργέτουν: < εὐεργετέω, "benefit."
προῖκα: adverbial accusative, "as a gift, for free."

27. ὁμολογουμένως: "in accord with."

τοῖς εἰρημένοις: Socrates' words in his defense speech.
σχήματι... βαδίσματι: "bearing," "gait."
ἐξ ὅτουπερ: see on 16.
ἐπιρρεόντων: "flowing in."
ὡς + participle (here, genitive absolute) indicates the grounds of a belief or action.

28. ἐπιθυμητής: "passionate admirer."
λέγεται: impersonal.
καταψήσαντα: < καταψάω, "stroke."

29. Ἄνυτον: Athenian democratic leader, one of the accusers of Socrates; cf. Plato *Meno* 90.
κυδρός: "proud."
τῶν μεγίστων: genitive of value with ἀξιούμενον.
οὐκ ἔφην χρῆναι: "I said that he should not," S 2691.
περὶ βύρσας: "concerning (the tanning of) hides"; note Socrates' contempt for industry (not necessarily for crafts: Anytus' son would have owned a tanning factory where the work was done by slaves). Socrates' suggestion of the motive for Anytus' hostility is ironic and serves as the occasion for his deliberately insulting prophecy.
ὡς μοχθηρός: "how miserable."
ἀεί: The adverb preceded by the article may be used as an adjective, S 1096.

30. ἀνέθηκε: "attributed, granted."
ἔστιν οἷς: "there are those to whom," i.e., "to some"; see S 2414.
χρησμῳδῆσαι: "prophesy."
βραχέα: adverbial accusative, "a little while."
ἄρρωστος: "weak, infirm."
τὴν ψυχήν: accusative of respect.
δουλοπρεπεῖ: "befitting a slave, base."
διατριβῇ: "occupation."
διαμενεῖν: future.
ἐπιμελητήν: "supervisor, manager" (such as the politician Anytus ought to have been).
προσπεσεῖσθαι: < προσπίπτω, "fall upon, stumble into"; still in indirect discourse.
πόρρω μοχθηρίας: "far in villainy"; partitive genitive (S 1439).

31. εἰπών: Xenophon again speaks in his own voice.
ἡσθείς: < ἥδομαι, "take pleasure in"; the aorist is ingressive, "(once) having begun to."
νυκτός. . . ἡμέρας: genitive of time within or in the course of which.
τέλος: adverbial accusative, "in the end."
ἀγνωμοσύνην: "stupidity."

32. μεγαλύνειν: "extol, magnify."
ἐπαγόμενος: "bringing upon himself."
μὲν οὖν: See on 1.

33. τἆλλα τἀγαθά = τὰ ἄλλα ἀγαθά (for the repetition of the article, see S 1275).
προσάντης: "adverse."
ἱλαρῶς: "joyously."
ἐπετελέσατο: See on 6.

34. μὴ οὐκ: "any infinitive that would take μή, takes μὴ οὐ (with a negative force), if dependent on a negatived verb. Here οὐ. . . is untranslatable" (S 2745).
ἐφιεμένων: see on 17.
ἀξιομακαριστότατον: "most worthy of being called blessed."